ÓNDE

ES IR?

Viajamos

EL TREN

Montse Ganges
Cristina Losantos

Combel
EDITORIAL

www.combeleditorial.com

TIENE UNA MÁQUINA, VAGONES
Y VA POR LA VÍA. ¿QUÉ ES?

Tiene una máquina, vagones
y va por la vía. ¿Qué es?

2

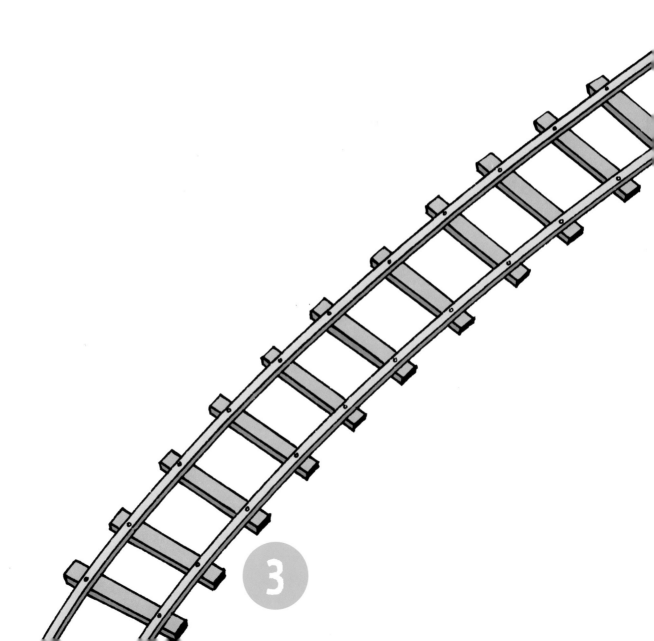

¡ES EL TREN! HAY TRENES
PARA IR A TODAS PARTES.

¡Es el tren! Hay trenes
para ir a todas partes.

4

HAY TRENES QUE TE LLEVAN CERCA.
PARAN EN MUCHAS ESTACIONES
Y PITAN PARA QUE LES VEAS PASAR.

Hay trenes que te llevan cerca.
Paran en muchas estaciones
y pitan para que les veas pasar.

HAY TRENES QUE TE LLEVAN MUY LEJOS.
TIENEN CAMAS PARA DORMIR
Y RESTAURANTES PARA COMER.

Hay trenes que te llevan muy lejos.
Tienen camas para dormir
y restaurantes para comer.

HAY TRENES QUE SUBEN
POR LAS MONTAÑAS.
AUNQUE SEA MUY CUESTA ARRIBA.

Hay trenes que suben
por las montañas.
Aunque sea muy cuesta arriba.

10

11

HAY TRENES QUE VAN
POR DEBAJO DEL OCÉANO.
¡Y SIN MOJARSE!

Hay trenes que van
por debajo del océano.
¡Y sin mojarse!

12

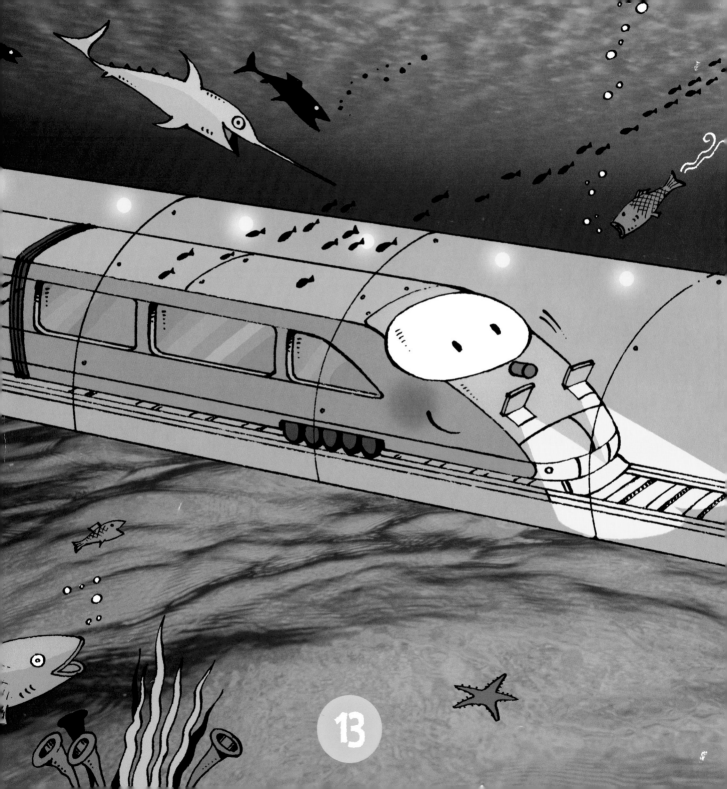

HAY TRENES QUE VAN
POR DEBAJO DE LA CIUDAD.
Y CADA DÍA LOS UTILIZA MUCHA GENTE.

Hay trenes que van
por debajo de la ciudad.
Y cada día los utiliza mucha gente.

14

15

HAY TRENES QUE VAN TAN DEPRISA...
¡QUE CASI NO LES VES PASAR!

Hay trenes que van tan deprisa...
¡que casi no les ves pasar!

16

PERO TODOS LOS TRENES PARAN
PARA QUE LA GENTE PUEDA SUBIR Y BAJAR.
¿SABES DÓNDE?

Pero todos los trenes paran
para que la gente pueda subir y bajar.
¿Sabes dónde?

LOS TRENES NO SIEMPRE HAN SIDO COMO LOS DE AHORA. LOS PRIMEROS SERVÍAN PARA TRANSPORTAR COSAS, LAS PERSONAS TODAVÍA NO VIAJABAN EN TREN. MÁS TARDE, HUBO LOS TRENES DE VAPOR, EN LOS QUE

TREN DE 1882

TREN DE 1829

TREN DE 1920

UNA MÁQUINA DENOMINADA LOCOMOTORA ARRASTRABA LOS VAGO-
NES. HOY DÍA HAY TRENES PARA IR A CASI TODAS PARTES, ¡INCLUSO
HAY UNO QUE VA POR DEBAJO DEL AGUA! Y TAMBIÉN LOS HAY QUE
VAN RAPIDÍSIMO.

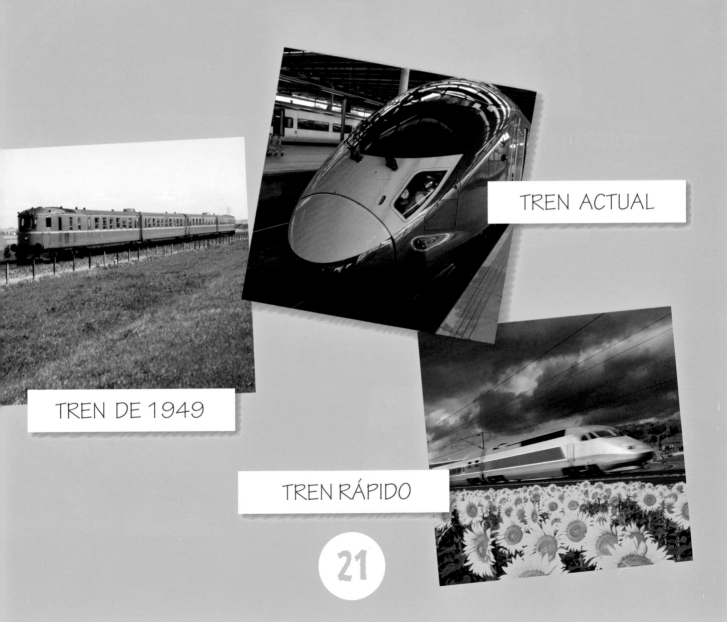

TREN ACTUAL

TREN DE 1949

TREN RÁPIDO

AHORA YA CONOCES MUCHOS TRENES DISTINTOS. CADA UNO SIRVE PARA VIAJAR DE MANERA DIFERENTE: SI VAS POR UNA GRAN CIUDAD, VIAJA EN METRO; SI QUIERES IR

CREMALLERA
PARA SUBIR
MONTAÑAS.

FUNICULAR
PARA CALLES CON
MUCHA PENDIENTE.

METRO
PARA MOVERTE
POR LA CIUDAD.

MUY DEPRISA Y MUY LEJOS, DEBERÁS VIAJAR EN UN TREN RÁPIDO. TAMBIÉN PODRÍAS LLEGAR A INGLATERRA SIN IR EN BARCO. ¿Y HAS VIAJADO ALGUNA VEZ EN FUNICULAR?

EUROSTAR
PASA POR UN TÚNEL BAJO EL OCÉANO ENTRE INGLATERRA Y FRANCIA.

ALTA VELOCIDAD
PARA VIAJAR MUY RÁPIDO.

CERCANÍAS
PARA VIAJAR CERCA.

¿QUIERES SUBIR?

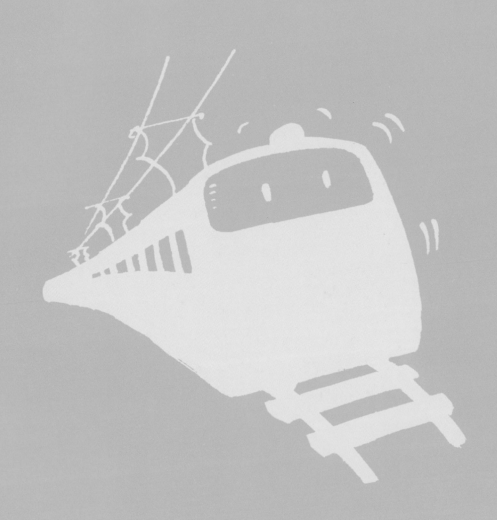